U0011378

F*ck That:
An Honest Meditation

去他的，來冥想吧

Jason Headley
傑森·黑德利——著

沈維君——譯

F*ck That:

An Honest Meditation

Jason Headley

去他的，

來冥想吧

另一種「接地氣」的靜心冥想

蘇益賢 | 臨床心理師

某天醒來，恍惚地盥洗之後，我打開了筆電。看著一樣的螢幕畫面、開著熟悉的簡報軟體，努力讓筆電和自己慢慢清醒過來。

原以為一切都會如往常般的發生，但怎料那天特別無常。

在發現鍵盤完全沒反應的那一刻，我完全清醒了。一試再試、千試萬試，它仍依然故我，不為所動。

「F*ck！搞屁啊！為什麼偏偏挑在這個時候！！」我的心咒罵著，一邊盤點著近期要完成的稿件和簡報，愈想愈焦慮，思緒席捲而來。大腦告訴我：「太不幸了，你這款筆電有可能正是日前傳出鍵盤重大瑕疵的那一款。」

感謝大腦提醒。但我更火了，罵著筆電，你為什麼要這樣對我。

　　不行不行，愈是在這種時刻，我更應該正念才對啊！於是，我開始專心呼吸，試著把覺察留在當下。

　　「吸……吐……吸……吐……」

　　身體稍微放鬆了，但心思仍不由自主地想著維修期間，被延宕的工作該如何處理。

　　不行不行，分心了，再來一次。

　　「吸……吐……吸……吐……」

　　心又跑掉了，我發現我開始罵著賈伯斯，說好的不會壞的蘋果，為什麼壞得如此突然呢？

　　　　　　　　○　　　　○　　　　○

　　相信大家都有過這種時刻，突然覺得人生好不受控。不受控的可能是電腦，也可能是你的另一半、小孩，或是同事。雖知「人生無處不鳥事」，但總以為鳥事不會發

生在自己身上。鳥事來臨時，衝動行事往往不是好事。但在那個當下，我們還能做些什麼呢？

「善用內心自然湧現的髒話，好好地靜心吧！」本書作者如此呼籲。

至今仍流傳在生活日常裡的髒話，有時是一種保護自己的防衛武器。有時是話語的過門或口頭禪，有時則是拉近彼此距離的共同語言。

看到書名，相信很多人皺起了眉。不過，以心理師角度來看，與其完全否定、壓抑髒話的存在，我們是否能善用這種內心的小小慣性，將髒話轉化為理解自己當下情緒狀態的工具？一種藉以靠近自己、同理自己的工具？

可以的。在本書一頁頁引導下，我們心平氣和地罵著髒話。接納被鳥事弄得烏煙瘴氣的心，也接納鳥事已經發生的事實。

相較於其他「正經」談論靜心的書籍，本書顯得更為接地氣。在作者幽默的引導下，這種靜心引導反而更

貼近我們的生活 —— 特別是在我們被鳥事搞得花容失色的狼狽時刻。

不必換上特定衣著、坐在蒲團之上，每個想譙髒話的片刻，都是正念的邀請。我們可以練習停下來，不急著做什麼，就只是穩穩地把自己安定好。

負能量說來就來，難以抵擋。正念並不是要培養我們「微笑以對」的能耐，而是一種修煉，讓我們在逆境中得以置身其中、讓事情如其所是，再好好回應的真功夫。

撰寫這篇序文時，我的電腦還在維修。我不時想起書裡的幾句話，自在而正念地「去 他 的」，接受了筆電需要送修的事實。一邊靜心地用手機小小的鍵盤打著字，既痛苦卻也愜意。

逆境讓人不舒服，但也可以是祝福與修煉。同樣地，髒話也可以是一種自我修行的工具。沒有一種工具可以適合所有人，也沒有一種特定的正念引導能讓每個人的心都安定下來。你願意秉持著「不批判」的正念精神，翻開本書一起試試看嗎？

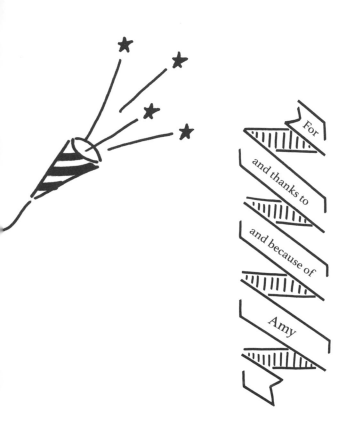

For

and thanks to

and because of

Amy

獻給 Amy

感謝因她成就的一切

Everyone who wills can hear the
inner voice.
It is within everyone.

—— Mahatma Gandhi

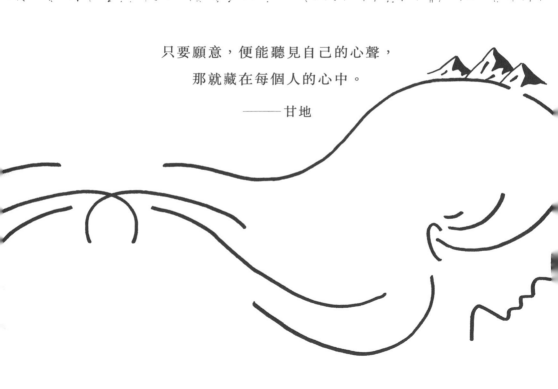

只要願意，便能聽見自己的心聲，
那就藏在每個人的心中。

——甘地

This book is a physical act of
mindfulness.

這本書是靜心的實際行動。

By reading these words and turning these pages,
you will make your way to a more
peaceful you.

當你翻過一頁又一頁，讀過一字又一字，
你將一路邁向更加平靜的自己。

現在就讓我們試試看。
在心裡想像一件討厭的事，
那件事讓你想要譙髒話。

Let's try it now.
Picture a thing that makes you
want to choke a motherfucker

現在，當你翻過這一頁的時候，
感覺你放下那件事了。

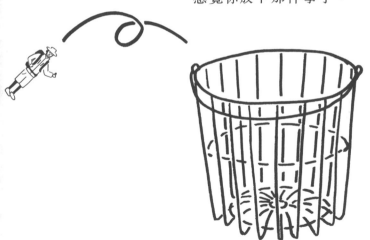

Now feel yourself
release that thing
as you turn the page.

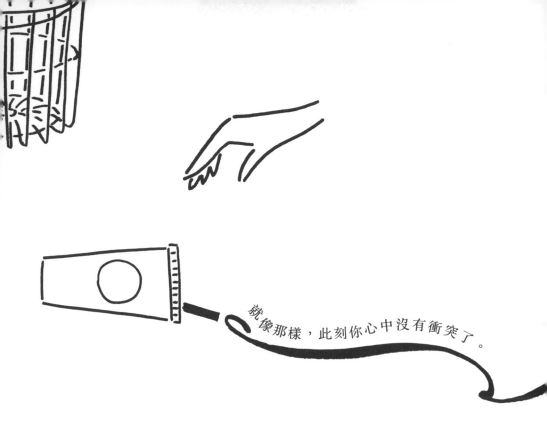

就像那樣，此刻你心中沒有衝突了。

Just like that,
there's no strife here.

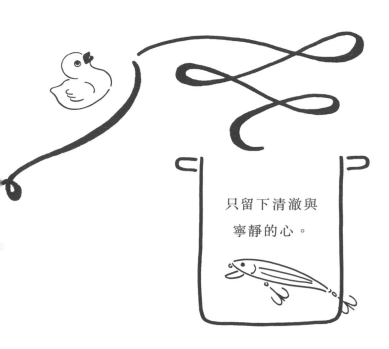

只留下清澈與
寧靜的心。

Only a clear, calm place.

Turn the page again.

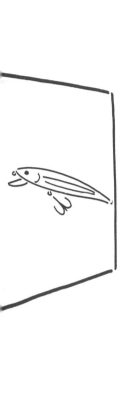

再翻過這一頁。

And feel the horseshit of the external world
fade from your **awareness**.

感覺外在的屁話從你的意識中漸漸消逝。

讓這次靜心幫助你面對周遭的難關，找到平靜。

Let this meditation help you **find peace**
with the challenges that surround you.

因為到處都有狗屁倒灶的事。

Because they are fucking everywhere.

Am I right?

此時，不要受困於別人的愚蠢。

Here, you cannot be ensnared by anyone's dumbassery.

也別受困於自己的愚蠢。

Not even your own.

如果你發現你的心漫遊到其他思緒上，

不要因此焦慮。

If you find your mind wandering to other thoughts,
don't let it concern you.

你只要意識到所有狗屁倒灶的事
都是他媽的狗屎。

Just acknowledge that
all that shit is fucking bullshit.

允許自己提升，　　　　　　成為最好的自己。

Allow yourself to be lifted
by the very best parts of you.

把無法讓你提升的狗屎拋到腦後。

Leaving all the flightless shitbirds behind.

Where they fucking belong.

讓那些屁事去他媽的歸屬之地。

你來到新的人生境界，清淨而澄澈。

This is a new place in your life.
Clean and clear.

在這裡，沒有人搞砸事情，你可以遠離禍端。

Free of calamity created by every last ranch hand
at the fuckup farm.

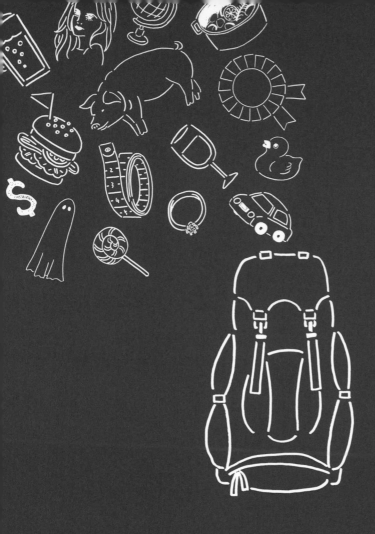

Those bitches can't get under your skin.

那些屁事再也不會惹毛你。

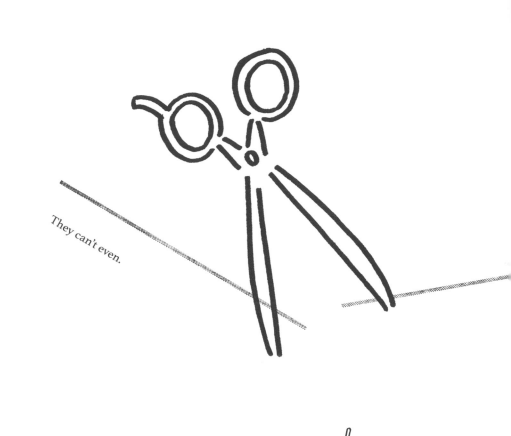

They can't even.

你甚至無動於衷。

深呼吸。

現在，呼氣。

Take in a deep breath.
Now breathe out.

你只要感覺那些他媽的屁事全都飄走了就好。

Just feel the fucking nonsense float away.

吸進力量。

Breathe in strength.

呼出所有屁事。

Breathe out bullshit.

如果你的思緒飄到

熱鬧滾滾的人生秀場上……

If your thoughts drift to
the three-ring shit show of your life . . .

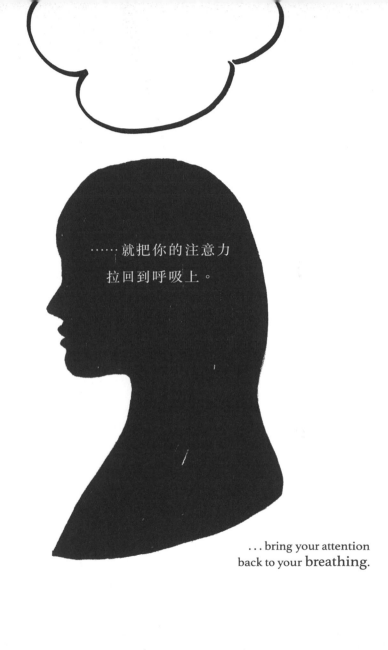

隨著每一次呼吸，
感覺你的身體正在說：

And with each breath,
feel your body saying:

去他媽的。

Fuck that.

你的思緒愈來愈清明。

Your thoughts become lighter.

所有消耗心神的混帳事，
全都消逝在虛空中。

And all the soul-eating cocksuckers
just fall away into nothing.

隨著一頁頁的翻閱，引領你來到新境界。

Let each turn of the page
guide you to a new place.

遠離那些揮之不去的念頭，那些你無法掌控的事。

Away from lingering thoughts
about things you can't control.

Away from the soft whisper of doubt and concern.

遠離在耳邊呢喃的懷疑與擔憂。

Away from the cul-de-sac of useless fuckery
waiting at the ass-end of worry.

遠離讓你陷入死胡同的屁話，
那些瞎扯的廢話往往尾隨憂慮而來。

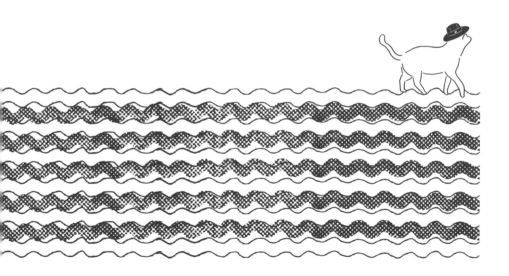

Simply turn each page.

你只要翻過每一頁。

再翻到下一頁。

To the next page.

Until the final page.

直到最後一頁。

在這裡，你可以和世界萬物打招呼，

用嶄新而美好的呼吸，說聲：

Where you greet the world and everything in it
with a new, beautiful breath . . .

去他媽的。

. . . of fuck that.

| 作者 |

傑森‧黑德利　Jason Headley

傑森‧黑德利為皮克斯動畫的作品《向前》（*Onward*）撰寫腳本，也是劇情片《錯上加錯》（*A Bad Idea Gone Wrong*）的導演兼編劇，該片在 2017 西南偏南電影節（SXSW Film Festival）榮獲評審團特別獎。

他拍攝的短片《重點不是釘子》（*It's Not About the Nail*）與《去他的，來冥想吧》（*F*ck That: An Honest Meditation*），曾在各地播放，包括知名塗鴉藝術家班克斯（Banksy）的大型藝術展覽《迪死尼樂園》（*Dismaland*）、NBC 的《今日秀》、TED 大會，還曾獲選為 Vimeo 編輯精選好片，在全球網路引發討論。

請善用「真*誠冥想」（H*nest Meditation）app 中的靜心指引，最長練習時間可達十五分鐘。

| 譯者 |

沈維君

在文字的世界享受難以言喻的快樂與痛苦，學習以有限的自己連結無限的世界。譯有《關於人生，我確實知道⋯⋯》、《精微體療癒指南》、《成為賈伯斯》（合譯）、《我們要有足夠的勇氣讓自己心碎》、《簡單生活，生命中的快樂小事》、《寫作的起點》（合譯）、《身體的想像，比心思更犀利》、《止痛的秘密》、《艾莉絲的莫內花園》、《人本獲利時代》、《說服自己，就是最聰明的談判力》、《找到不再孤單的自己》、《ICARE！傳奇式服務，讓你的顧客愛死你》、《讓自己適應壞世界》等書。

去他的，來冥想吧！

傑森.黑德利 (Jason Headley) 著；沈維君譯.
-- 初版. -- 臺北市：時報文化，2019.07
面；　公分. -- (人生顧問；CFR0359)
譯自：F*ck that : an honest meditation
ISBN 978-957-13-7776-6(精裝)

1. 壓力　　2. 超覺靜坐

176.54　　　　　　　　　　　　　　108004899

人生顧問　0359

去他的，來冥想吧！

作者／傑森・黑德利（Jason Headley）
譯者・主編／沈維君
封面・內頁設計・插畫構成／江孟達
企劃／金多誠

總編輯／曾文娟
發行人／趙政岷
出版者／時報文化出版企業股份有限公司
　　　　10803 台北市和平西路三段 240 號 7 樓
　　　　發行專線／（02）23066842
　　　　讀者服務專線／0800231705　（02）23047103
　　　　讀者服務傳真／（02）23046858
　　　　郵撥／ 19344724 時報文化出版公司
　　　　信箱／台北郵政 79 ～ 99 信箱
時報悅讀網／ http://www.readingtimes.com.tw
時報文化臉書／ https://www.facebook.com/readingtimes.fans
法律顧問／理律法律事務所　陳長文律師、李念祖律師
印刷／和楹印刷有限公司
初版一刷／ 2019 年 7 月 5 日
定價／新台幣 260 元
（缺頁或破損的書，請寄回更換）

ISBN：978-957-13-7776-6（精裝）

F*ck That: An Honest Meditation by Jason Headley

Copyright © 2016 by Jason Headley
This translation published by arrangement with Three Rivers Press, an imprint of the
Crown Publishing Group, a division of Penguin Random House LLC
through Andrew Nurnberg Associates International Limited
Complex Chinese edition copyright © 2019 China Times Publishing Company
All rights reserved.